Spiele für
drinnen & draußen

Dieses Buch gehört:

_____

_____

Alle Spiele in diesem Buch wurden von der Autorin und
dem Verlag sorgfältig geprüft. Dennoch kann keine Garantie
übernommen werden. Eine Haftung der Autorin oder des Verlages für
Personen-, Sach- und Vermögensschäden ist ausgeschlossen.

ISBN 3-8212-2915-2
Copyright © 2004 Warner Bros.
© 2004 Rothkirch/Cartoon-Film,
Warner Bros. Entertainment GmbH, All rights reserved.
MaBo Investitions GmbH & Co KG, Comet film GmbH
Basierend auf den Originalwerken von Klaus Baumgart.
Alle Rechte vorbehalten.
Verantwortlich für diese Ausgabe:
© XENOS Verlagsgesellschaft
Am Hehsel 40, 22339 Hamburg
Alle Rechte vorbehalten.
Konzept und Text: Lena Steinfeld
Konzept, Text und Gestaltung: Velte Design, Hamburg
Printed in Germany

Inhalt

Abzählreime

Laura kennt viele schöne Abzählreime.
Wenn sie mit Tommy und Max auf
ihrer Dachterrasse oder im Park spielt,
fällt ihr immer ein passender Reim ein.
Einige davon stellt sie dir hier vor:

Lauras Stern, hab dich gern.
Flieg hinaus und du bist raus;
raus bist du noch lange nicht,
sag mir erst, wie alt du bist!

1, 2, 3, 4, 5, 6, 7,
eine alte Frau kocht Rüben.
Eine alte Frau kocht Speck,
und du bist weg.

Ich und du, Müllers Kuh,
Müllers Esel, der bist du.

Sackhüpfen mit Laura

Laura, Tommy und Max hüpfen im Park um die Wette. Nirgendwo sonst in der Stadt haben sie so viel Platz zum Toben und Spielen. Sackhüpfen spielt ihr am besten auf einem weichen Untergrund, zum Beispiel auf einer Wiese. Dann tut es nicht weh, wenn ihr hinfallt. Starke Beinmuskeln bekommt ihr vom

Sackhüpfen am Strand. Im weichen Sand ist das Springen nämlich doppelt so anstrengend. Ihr braucht für jedes Kind einen Sack aus Jute oder Plastik. Markiert eine Start- und eine Ziellinie. Steigt in die Säcke und stellt euch an den Start. Nach dem Startsignal hüpft und hoppelt ihr so schnell ihr könnt ins Ziel.

Wasserballon werfen

Dieses Spiel für heiße Sommertage spielt ihr am besten im Badeanzug oder in Badehose. Teilt euch in zwei Mannschaften auf. Je nachdem, wie viele Kinder ihr seid, bekommt jede Gruppe ein großes Handtuch oder ein Bettlaken. Füllt Wasser in Luftballons und legt den ersten Wasserballon auf ein Tuch. Haltet eure Tücher an den Seiten fest. Nun werft ihr den Ballon von einem Sprungtuch zum anderen und wieder zurück.

Da die Ballons beim Werfen leicht platzen, bekommt ihr immer wieder eine tolle Erfrischung!

Dazu braucht ihr:
- Handtücher oder Bettlaken
- Luftballons
  Ab vier Spieler

Im Froschteich

Auch bei diesem Spiel dürft ihr euch nur hüpfend fortbewegen. Zählt aus, wer von euch die Froschkönigin oder der Froschkönig ist. Die anderen Spieler verwandeln sich in Frösche und sitzen quakend im Seerosenteich.

Die Froschkönigin versucht nun, die anderen Frösche zu fangen. Wer erwischt wird, verwandelt sich ebenfalls in eine Königin oder einen König. Der Frosch, der zuletzt übrig geblieben ist, darf sich das nächste Spiel aussuchen.

Max' Kartoffel-Wettlauf

Laura und Tommy staunen: Für den Kartoffel-Wettlauf hat sich Max einen tollen Hindernis-Parcours ausgedacht! Für dieses Spiel braucht ihr viel Platz. Legt das Start- und Zielfeld fest und stellt auf der Strecke kleine Hindernisse auf. Ihr könnt zum Beispiel aus einer mit Wasser gefüllten Plastikwanne einen Wassergraben anlegen, über den ihr springen müsst. Steckt mit Sandeimern eine Slalom-Strecke ab. Bestimmt fallen euch noch mehr Hindernisse ein! Gebt jedem Kind einen Esslöffel, auf dem eine Kartoffel liegt. Bei diesem Spiel kommt es nicht nur darauf an, wer zuerst das Ziel erreicht. Knifflig wird der Wettlauf dadurch, dass eure Kartoffel nicht vom Löffel fallen darf. Denn dann müsst ihr zurück an den Start und beginnt von vorn.

Dazu braucht ihr:
- Kartoffeln
- Esslöffel
- Hindernisse aus Sandspielzeug

Luftballon, bleib in der Luft!

Laura pustet einen Luftballon auf. Tommy lacht: „Du bist ja ganz rot im Gesicht, Laura!"
Werft einen Luftballon in die Luft und spielt ihn euch gegenseitig zu. Aber aufgepasst: Der Ballon darf während des Spiels nicht den Boden berühren! Das Spiel wird schwieriger, wenn ihr mit mehreren Ballons zugleich spielt.

Dosen werfen

Rumms! Neugierig schaut Tommy um die Ecke. Was scheppert bloß so laut auf Lauras Dachterrasse?
Sammelt leere Konservendosen, die ihr bemalt oder beklebt. Passt auf, dass ihr euch dabei nicht an den scharfen Rändern schneidet. Schreibt auf jede Dose eine Punktzahl. Ihr könnt die Dosen auch in unterschiedlichen Farben anmalen und ein Punktesystem festlegen. Stellt die Dosen pyramidenförmig auf einen Tisch. Zum Werfen nehmt ihr am besten kleine Plastikbälle. Markiert einen Punkt, von dem aus geworfen wird. Je weiter ihr euch von den Dosen entfernt, desto schwieriger wird es, sie zu treffen.
Wer wirft die meisten Dosen um oder macht die meisten Punkte?

Dazu braucht ihr:

- Leere Konservendosen
- Farbstifte
- buntes Papier
- Bälle

Zum Beispiel:

Treffer rote Dose = 1 Punkt
Treffer grüne Dose = 2 Punkte
Treffer blaue Dose = 3 Punkte

Schneekönigin

Das Los entscheidet, wer von euch zuerst die Schneekönigin ist. Berührt sie euch mit ihren Händen, erstarrt ihr sofort zu Eis. Es gibt nur eine Möglichkeit, wieder aufzutauen: Ihr dürft euch wieder bewegen, wenn ein Mitspieler zwischen euren Beinen hindurchkrabbelt. Tauscht nach drei Minuten die Rollen, so dass die nächste Schneekönigin an der Reihe ist.

Dreibeiniger Wettlauf

Bei diesem Wettlauf kommt es nicht allein auf eure Schnelligkeit an, sondern auch auf ein gutes Körpergefühl und ein partnerschaftliches Zusammenspiel. Bildet Paare und stellt euch nebeneinander an den Start. Bindet jedem Spielerpaar die inneren Beine mit einem Tuch zusammen. Die beiden äußeren Beine bleiben frei beweglich. Auf die Plätze, fertig, los: Welches dreibeinige Paar hüpft zuerst ins Ziel? Ihr könnt das Spiel noch schwieriger gestalten, wenn ihr einen Hindernis-Parcours aufbaut.

Das Wäsche-klammer-Spiel

Verteilt drei oder mehr Wäscheklammern an jeden Mitspieler. Das Ziel dieses Spiels ist, alle Wäscheklammern an die Kleidung der anderen Spieler zu klemmen. Doch aufgepasst: Ihr gewinnt das Spiel erst, wenn ihr alle Klammern verteilt habt und an euren eigenen Kleidern keine Wäscheklammern mehr hängen!

Dazu braucht ihr:
- Kreide in verschiedenen Farben
- Spielsteine

Lauras Hüpfkästchen-Spiel

Laura spielt für ihr Leben gern Hüpfkästchen. Wenn die Sonne scheint, malt sie die schönsten Spielfelder auf ihre Dachterrasse.

Zeichnet mit bunter Kreide Hüpfkästchen auf den Boden. Am besten geht das auf Asphalt oder einem anderen festen Untergrund. Auf dem Bild seht ihr, wie das Spielfeld gezeichnet werden kann. Natürlich könnt ihr es auch beliebig vergrößern und verändern. Werft einen Stein auf das erste Kästchen, hüpft auf einem Bein auf die Nummer 1 und wieder zurück. Dabei dürft ihr den Fuß nicht absetzen. Dann werft ihr den Stein auf das Feld mit der Nummer 2. Springt auf das Kästchen Nummer 1 und dann auf die Nummer 2 und wieder zurück. Wie viele Spielrunden braucht ihr, bis ihr auf alle Kästchen bis zum Feld Nummer 6 und wieder zurück an den Start gesprungen seid? Hüpft ihr auf den Rand oder neben die Felder oder trefft ihr mit dem Stein nicht das Kästchen, ist der nächste Spieler an der Reihe.

Schnecke

Malt eine große Schnecke auf und bemalt jedes Feld. Hüpft immer von außen nach innen und wieder zurück. Beachtet dabei folgende Aufgaben:
1. Runde: auf dem linken Fuß hüpfen
2. Runde: auf dem rechten Fuß hüpfen
3. Runde: mit beiden Füßen springen
4. Runde: rückwärts hüpfen
Bestimmt habt ihr noch weitere tolle Ideen, wie man in die Schnecke und wieder hinaus springen kann!
Wenn ihr die Schneckenfelder nicht trefft, macht ihr mit der jeweiligen Aufgabe einfach in der nächsten Spielrunde weiter. Beim Hüpfkästchenspiel schult ihr euren Gleichgewichtssinn. Den könnt ihr auch leicht zwischendurch trainieren, indem ihr euch auf ein Bein stellt. Wie lange bleibt ihr stehen, ohne zu wackeln oder umzukippen?

Fang den Ball, Tommy!

Laura und Max werfen sich auf dem Gehweg vor Lauras Haus einen Ball zu. Tommy möchte auch mitspielen. Er springt hoch in die Luft, aber er ist zu klein und kommt nicht an den Ball heran. Für dieses Ballspiel solltet ihr zu dritt sein. Stellt euch voreinander auf und werft euch einen Ball zu.

Der dritte Spieler steht in der Mitte und versucht den Ball zu fangen. Gelingt ihm das, tauscht er seinen Platz mit dem Ballwerfer. Je weiter ihr voneinander entfernt seid und je höher ihr den Ball in die Luft werft, desto schwieriger wird es für den Spieler in der Mitte, den Ball zu fangen.

Balla, balla

Stell dich in die Mitte des Spielfeldes und wirf einen Ball hoch in die Luft. Die anderen Spieler laufen um dich herum im Kreis. Rufe beim Hochwerfen des Balls laut den Namen eines Mitspielers.

Dieser versucht nun ganz schnell, den Ball zu fangen. Je nach Schwierigkeitsgrad darf der Ball einmal den Boden berühren oder gar nicht aufkommen.

Bockspringen im Park

Laura und Tommy haben keine Lust, nach Hause in die neue Wohnung zu gehen. Viel lieber bleiben sie noch im Park und spielen Bockspringen. Bockspringen ist ganz einfach: Setzt euch hintereinander auf den Boden. Springt einmal über alle Kinder der Reihe nach drüber und hockt euch dann wieder ans Ende der Schlange. Ihr könnt euch auch immer etwas Neues einfallen lassen: Springt über das erste hockende Kind und grätscht die Beine. Das folgende Kind springt über den Rücken, krabbelt zwischen den Beinen hindurch und denkt sich ein drittes Hindernis aus.

Merkball

Bei diesem Spiel trainiert ihr nicht nur geschicktes Ausweichen, sondern auch euer Gedächtnis. Nehmt zum Werfen einen weichen Stoffball, damit ihr euch nicht verletzt. Versucht, euch gegenseitig abzuwerfen. Wer vom Ball getroffen wird, merkt sich den Namen des Werfers und bleibt stehen. Wird der Werfer selbst getroffen, dürfen sich die Kinder, die von ihm abgeworfen wurden, wieder frei bewegen. So gibt es im Spiel einen ständigen Wechsel zwischen Bewegung und Pause.

Wand-Ball

Stellt euch vor eine Hauswand und markiert einen Punkt, von dem aus ihr den Ball an die Wand werft. Achtet dabei darauf, dass kein Fenster in der Nähe ist! Denkt euch verschiedene Möglichkeiten aus, den Ball zu werfen.

Zum Beispiel: 1. Werft den Ball fünfmal mit beiden Händen. 2. Siebenmal mit der rechten Hand werfen. 3. Mit dem Rücken zur Wand dreimal werfen. 4. Siebenmal mit der linken Hand werfen. 5. Das rechte Bein heben und den Ball darunter hindurch an die Wand werfen.

Gärtner und Schubkarre

Bei diesem Spiel kommt es auf eure Beweglichkeit und Körperbeherrschung an. Findet euch zu zweit zusammen. Ein Kind spielt die „Schubkarre", das andere den „Gärtner". Die Schubkarre liegt auf dem Boden und stützt sich mit angewinkelten Armen ab. Der Gärtner nimmt die Beine der Schubkarre in die Hand und schiebt vorsichtig los. Schiebt niemals weiter, wenn die Schubkarre sich nicht mehr halten kann, denn sonst könnt ihr euch leicht verletzen. Wenn ihr mehrere Kinder seid, könnt ihr auch ein Schubkarren-Rennen veranstalten.

Kegeln

Füllt Sand in Plastikflaschen. Der Boden sollte etwa 3 cm mit Sand bedeckt sein. Stellt eure Kegel auf. Legt einen Abstand fest, von dem aus gekegelt wird. Dann rollt ihr einen Ball auf die Flaschen zu und versucht sie umzustoßen. Das geht am besten, wenn ihr auf einem ebenen Untergrund spielt. Ihr dürft dreimal hinter-einander kegeln, dann ist der nächste Spieler an der Reihe. Zählt die umgeworfenen Kegel oder schreibt Punkte auf die Flaschen und rechnet sie am Ende jeder Spielrunde zusammen.

Dazu braucht ihr:
- Plastikflaschen
- Sand
- Bälle
- Stifte
- Papier

Mäuschen, sag mal Piep!

Dieses Versteckspiel ist im Garten oder Park oder in einem ganz großen Zimmer am schönsten. Lost aus, wer von euch die Katze sein soll. Diese zählt laut bis 20, während sich die Mäuse verstecken. Dann macht sich die Katze auf die Suche und ruft: „Mäuschen, sag mal Piep!" Auf diesen Zuruf antwortet jede Maus mit einem ganz leisen „Piep". Die Maus, die sich am besten versteckt hat und zuletzt gefunden wird, verwandelt sich in der nächsten Spielrunde in eine Katze.

Tommy pustet Wattewolken

Laura schaut aus dem Fenster und ist traurig: Alle Sterne werden von den dichten Wolkenbergen verdeckt. „Ich weiß ein schönes Spiel", tröstet Tommy seine Schwester. „Wir pusten die Wolken einfach weg!" Bei diesem Spiel solltet ihr nicht zu schnell aus der Puste kommen. Nehmt Watte in zwei verschiedenen Farben und formt daraus Wolken. Je mehr Wattewolken

ihr habt, desto schwieriger wird das Spiel. Setzt euch an einen Tisch gegenüber. Zieht einen Kreidestrich durch die Tischmitte und gebt jedem Spieler die Wattewolken seiner Farbe. Versucht nun durch geschicktes Pusten, die Wolken zu eurem Mitspieler hinüberzuschieben. Ihr gewinnt das Spiel, wenn ihr keine Wattewolken mehr auf eurer Tischhälfte habt.

Dazu braucht ihr:
- Wattebäusche in zwei Farben
- Kreide

Murmel-Weitwurf

Legt eine Startposition fest, von der aus ihr das Spiel beginnt. Kugelt abwechselnd eure Murmeln möglichst weit weg.

Beachtet dabei, dass die Murmeln nur gerollt und nicht geworfen werden dürfen. Welche Murmel rollt am weitesten?

Welches Tier bin ich, Max?

Max fragt Tommy, welches Tier er am liebsten mag. „Das ist doch klar", ruft Tommy, „natürlich meinen Beschütz-mich-Hund!"
Überlege dir, welches Tier du gerne sein möchtest und spiele es nach. Das kann dann so aussehen: Ein Reh guckt sich beim Grasen immer wieder aufmerksam um. Lauert da ein Raubtier im Gebüsch? Blitzschnell läuft das Reh weg. Die anderen Kinder versuchen nun, das dargestellte Tier zu erraten. Schwierig wird das Spiel dadurch, dass ihr keine Geräusche machen dürft, sondern jedes Tier pantomimisch darstellt. Nach jeder Spielrunde könnt ihr euch erzählen, warum ihr gerade dieses Tier gewählt habt und was euch an ihm besonders gefällt.

Reihen würfeln

Am Nachmittag regnet es. Laura und Tommy sitzen in Lauras Zimmer auf dem Boden und spielen mit Würfeln. Habt ihr Glück im Spiel und könnt diese Reihen würfeln? Spielt mit vier Würfeln zugleich. Für jede gewürfelte Reihe wird eine bestimmte Punktezahl vergeben.
Zahlenkönig: Viermal die gleiche Zahl = 8 Punkte

Zahlenreihe: 1 2 3 4 = 4 Punkte
Paar: Zweimal die gleiche Zahl = 2 Punkte
Drei gewinnt: Dreimal die gleiche Zahl = 3 Punkte
Zahlensatz: Alle Augen ergeben zusammen die Zahl 12 = 4 Punkte
Denkt euch weitere Zahlenreihen aus.

Alle Vögel fliegen hoch!

Mit diesem Spiel trainiert ihr eure Auffassungsgabe und blitzschnelle Reaktionen. Setzt euch an einen Tisch und tippt mit beiden Zeigefingern auf die Tischkante. Ein Kind beginnt, wirft die Arme in die Luft und ruft: „Alle Amseln fliegen hoch!" Daraufhin heben alle anderen Kinder ebenfalls schnell die Arme. Doch Vorsicht: Um eure Aufmerksamkeit zu testen, werden auch immer wieder Tiere und Gegenstände genannt, die nicht fliegen. Kuschelhasen, Beschütz-mich-Hunde oder Feuerwehrautos bleiben auf dem Boden. Lasst euch nicht überrumpeln, denn wenn ihr trotzdem eure Arme nach oben streckt, scheidet ihr aus. Wer zuletzt übrig bleibt, darf die nächste Spielrunde eröffnen.

Wer baut den höchsten Turm?

Für dieses Spiel braucht ihr Bauklötze in verschiedenen Größen und Formen und eine ebene, feste Unterlage. Legt reihum einen Bauklotz auf den anderen.

Nach und nach wird euer Turm immer höher. Bei welchem Spieler fällt er schließlich zusammen?

Teekesselchen

Kennt ihr Teekesselchen? Das sind Wörter, die mehrere Bedeutungen haben. Ein Beispiel: Hahn. Es gibt den Wasserhahn und den Hahn, der auf dem Bauernhof kräht. Denkt euch neue Teekesselchen aus und beschreibt sie für eure Mitspieler:

Mein Teekesselchen leuchtet und schmeckt ganz süß. Wisst ihr, was gemeint ist?

Lösung: Birne: Das Obst und die Glühbirne

Montagsmaler

Bildet zwei Mannschaften und schreibt auf Kärtchen unterschiedliche Begriffe wie singen oder Himmelbett.

Dann geht es los: Setzt euch vor eine Tafel oder einen großen Zeichenblock. Ein Spieler aus der Gruppe 1 bekommt von den Spielern der Gruppe 2 einen Begriff gezeigt, den sich diese Gruppe ausgedacht hat. Malt den Gegenstand so deutlich auf das Papier, dass eure eigene Gruppe ihn in möglichst kurzer Zeit errät. Haben alle Kinder der Gruppe 1 einen

Gegenstand gemalt, wird getauscht und die Kinder von Gruppe 2 sind mit Raten an der Reihe. Welche Gruppe rät in der kürzesten Zeit ganz viele Begriffe und bekommt die meisten Punkte? Diese Punkte könnt ihr in jeder Spielrunde vergeben:

Begriff richtig erraten:
In 1 Minute = 3 Punkte
In 2 Minuten = 2 Punkte
In 3 Minuten = 1 Punkt
In 4 Minuten und länger = 0 Punkte

Dazu braucht ihr:
- Papier
- Stifte
- Tafel oder Zeichenblock

Wo ist Lauras Stern?

Laura ist ganz verzweifelt. Überall hat sie schon gesucht, aber ihr Stern bleibt verschwunden. Ob sie ihn jemals wiedersieht?

Für dieses Spiel braucht ihr drei gleich große Schalen oder Tassen. Schneidet aus Moosgummi einen Stern oder ein anderes Symbol, das euch gefällt. Lost aus, welches Kind die Hütchen zuerst verschiebt. Am besten spielt ihr auf einer glatten Oberfläche, denn darauf lassen sich die Schalen, eure Hütchen, gut vertauschen. Der Hütchenspieler legt den Stern für alle Kinder gut sichtbar unter eine Schale. Jetzt wird es jedoch schwierig: Durch schnelles Vertauschen der Schalen versucht der Hütchenspieler die Zuschauer in die Irre zu führen. Nach einiger Zeit fragt er das Publikum, unter welcher Schale sich der Stern befindet. Habt ihr aufgepasst und könnt auf das richtige Hütchen zeigen?

Dazu braucht ihr:

- 3 Schälchen
- Moosgummi
- Schere

Gegenstände erfühlen

Laura klebt den Zacken des Sterns behutsam wieder an. Der Stern fühlt sich schön an! Einen echten Stern hat Laura noch nie berührt. Auch bei diesem Spiel geht es um das Erfühlen von Gegenständen. Ihr braucht zwei Kartons. Im ersten Karton sammelt ihr verschiedene Dinge, zum Beispiel Zahnbürste, Schlüssel oder Kuschelhund. Schneidet in den zweiten Karton eine Öffnung, durch die ihr hindurchgreifen könnt, und deckt ihn oben mit einem Tuch ab. Sucht nun einen Gegenstand aus der ersten Kiste aus und legt ihn in den Karton mit dem Greifloch. Achtet darauf, dass eure Mitspieler nicht sehen, was ihr ausgewählt habt. Nun greift ein Spieler in die Kiste und erfühlt den Gegenstand darin.

Laura, wer bin ich?

Dieses Ratespiel ist besonders witzig, denn jeder Spieler hat an der Stirn einen Zettel kleben – und das sieht meistens ziemlich komisch aus! Denkt euch für euren Nachbarn eine bekannte Person oder Figur aus. Das kann eine berühmte Sportlerin, ein Schauspieler oder auch eine Märchenfigur wie Rumpelstilzchen sein. Schreibt oder malt die Person auf einen Zettel und klebt ihn mit der Schrift nach außen auf die Stirn eures Nachbarn. Wenn ihr alle einen Zettel bekommen habt, geht es los: Versucht reihum zu erraten, welchen Prominenten ihr darstellt. Ihr dürft jedoch nur Fragen stellen, die mit „ja" oder „nein" beantwortet werden können.
Ein Beispiel: „Bin ich ein Tier?"

Bejahen eure Mitspieler dies, dürft ihr weiterraten. Wird die Frage verneint, ist das nächste Kind an der Reihe.

Dazu braucht ihr:
- Papier
- Stift
- Klebestreifen

Riechen, fühlen, schmecken

Füllt gemeinsam verschiedene Speisen und Getränke auf Teller, in Schüsseln oder Gläser. Zum Beispiel Marmelade, Orangensaft oder Weintrauben. Zählt aus, welches Kind beginnt, und verbindet ihm die Augen. Bei diesem Spiel geht es um eure Sinne. Findet heraus, welches Nahrungsmittel ihr gerade vor euch habt. Welcher Duft steigt euch in die Nase?

Tippt mit den Fingern in die Schalen: Wie fühlt es sich an, zähflüssig wie Honig oder weich wie Mehl?
Probiert das Essen oder Getränk und beschreibt den anderen Kindern den Geschmack. Könnt ihr alle Speisen erraten? Dann verbindet dem nächsten Kind die Augen und tauscht die Behälter auf dem Tisch.

Laura, die Blindekuh

Laura und Tommy spielen Blindekuh. Laura blinzelt ein wenig durch ihr Tuch. Leuchtet da etwa ihr Stern in der Ecke? Könnt ihr euch vorstellen, dass schon eure Eltern, Großeltern und sogar Urgroßeltern Blindekuh gespielt haben? Dieses Spiel ist ein richtiger Spielklassiker! Und so geht es: Verbindet einem Kind die Augen und dreht es einige Male um sich selbst. Nun versucht die Blindekuh einen Mitspieler zu fangen. Je weiter ihr euch aus dem Kreis entfernt, desto schwieriger wird es für die Blindekuh. Wenn es ihr jedoch gelingt, einen Mitspieler zu erwischen, dann ist dieser die nächste Blindekuh.

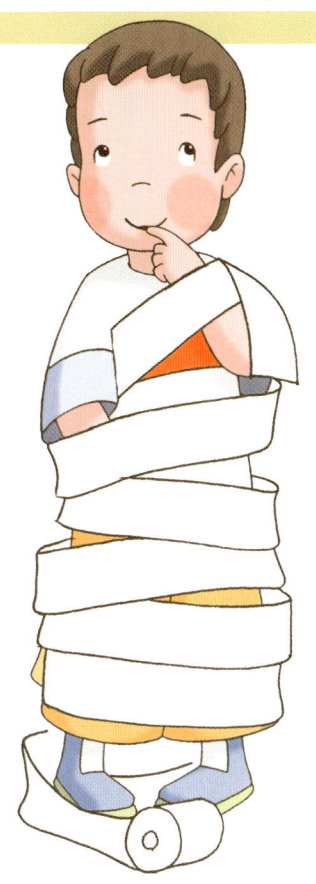

Mumien einwickeln

Wollt ihr auch einmal wie eine Mumie eingewickelt werden? Dann spielt doch dieses Spiel:
Jeweils zwei Kinder tun sich zusammen. Ein Kind wickelt das andere möglichst schnell in Toilettenpapier ein. Lasst nur die Augen, Nase und den Mund frei. Wer von euch wickelt seine Mumie am schnellsten ein? Anschließend wird getauscht und das zweite Kind wird eingewickelt.

Häschen in der Grube

Laura liebt ihren Kuschelhasen sehr. Er begleitet sie überallhin und tröstet sie, wenn sie Heimweh nach ihrem alten Zuhause hat.
Setzt euch in einen Kreis und wählt ein Kind aus, das das Häschen ist und sich in die Mitte hockt.
Alle Kinder singen:

Häschen in der Grube,
saß und schlief,
saß und schlief.
Armes Häschen, bist du krank,
dass du nicht mehr hüpfen kannst?
Häschen, hüpf!
Häschen, hüpf!

Daraufhin hüpft das Häschen von Kind zu Kind und wählt unter euch das nächste Häschen aus.

Zublinzeln

Bei diesem Spiel müsst ihr auf kleine Zeichen und Signale eurer Mitspieler achten. Teilt euch in zwei Gruppen auf. Eine Gruppe setzt sich in einen Stuhlkreis, die Spieler der anderen Gruppe stellen sich hinter die Stühle. Ein Spieler steht hinter einem leeren Stuhl und versucht durch Zublinzeln oder Zwinkern einen sitzenden Mitspieler auf den freien Platz zu locken. Wenn euch zugeblinzelt wird, lauft ihr blitzschnell zu dem freien Spieler hinüber. Doch das ist nicht einfach, wenn der Spieler hinter euch das Zwinkern ebenfalls bemerkt hat und versucht, euch festzuhalten. Tauscht nach fünf Minuten die Plätze zwischen sitzenden und stehenden Mitspielern.

Topfschlagen

Dieses Spiel ist auf vielen Kindergeburtstagen sehr beliebt: Verbindet einem Kind die Augen und gebt ihm einen Kochlöffel in die Hand. Nun versucht es auf allen vieren, einen Kochtopf zu finden, den ihr in seiner Nähe aufgestellt habt. Dabei klopft es mit dem Kochlöffel auf den Boden. Wenn sich das Kind dem Topf nähert, ruft ihr laut „heiß", bzw. „kalt", wenn es sich vom Topf entfernt. Wird der Kochtopf schließlich entdeckt, darf das kleine Geschenk darunter behalten werden.

Dazu braucht ihr:
- Kochtopf
- Kochlöffel
- Tuch
- Kleines Geschenk

Zahlentanz

Laura und Tommy spielen mit den anderen Kindern im Park. Laura zählt aus, welches Kind die Zahlenfee ist. Dieses Spiel macht am meisten Spaß, wenn ihr viele Kinder seid. Lost aus, wer von euch die Zahlenfee ist. Tanzt zur Musik, bis euch die Zahlenfee eine Zahl zuruft, zum Beispiel die 3. Findet euch schnell zu dritt zusammen. Wer keine Partner findet, verlässt das Spiel und tanzt am Rand weiter. Die Zahlenfee nennt noch so oft Zahlen, bis ihr zum Schluss nur noch zu zweit auf der Tanzfläche seid.

Das Gewitterspiel

Laura sieht aus dem Fenster. Aus der Ferne hört sie es donnern und Blitze erhellen den Himmel über der Stadt. Laura würde zu gern wissen, was die Sterne bei Gewitter machen. Wählt ein Kind aus, das die Rolle der Wetterhexe übernehmen darf. Lauft auf dem Spielfeld durcheinander.

Plötzlich ruft die Wetterhexe „Blitz", „Wasser" oder „Sturm". Bei Blitz bleibt ihr wie vom Blitz getroffen stehen. Bei Wasser stellt ihr euch auf eine Kiste oder etwas anderes, um nicht mehr den Boden zu berühren. Und bei Sturm lauft ihr schnell zu einem Gegenstand, an dem ihr euch festhalten könnt.

Was machst du gerne, Max?

Laura freut sich, dass sie Max endlich kennen gelernt hat. Jetzt sind sie gute Freunde und spielen oft miteinander. Dieses Kennenlern-Spiel könnt ihr gut am Anfang eines Kinderfestes spielen. Bildet einen Kreis und werft euch gegenseitig einen Ball zu. Dabei stellt ihr den anderen Kindern viele Fragen, zum Beispiel „Wie heißt du?" oder „Was machst du am liebsten?". Beantwortet die Fragen und gebt den Ball weiter.

Limbo unterm Besenstiel

Bei diesem Spiel könnt ihr herausfinden, wie gelenkig ihr seid und wie euer Körpergefühl ist. Haltet einen Besenstiel an den Enden fest. Die Musik spielt und ein Mitspieler tanzt dazu unter dem Besen hindurch, ohne ihn zu berühren.

In der nächsten Tanzrunde haltet ihr den Besen bereits ein Stück tiefer, und der Spieler tanzt wieder unter dem Stiel hindurch. Sobald sein Körper den Besen berührt, tauscht ihr die Plätze, und der nächste Spieler ist an der Reihe.

Armer, schwarzer Kater

Setzt euch in einen Kreis und bestimmt, welches Kind zuerst die Rolle des schwarzen Katers übernimmt. Der schwarze Kater schleicht und springt nach Katzenart von Mitspieler zu Mitspieler. Dabei versucht er durch klägliches Miauen und wütendes Fauchen, zumindest einem Kind ein Lachen zu entlocken. Ihr versucht jedoch, ganz ernst zu bleiben, wenn ihr dem schwarzen Kater mitfühlend über den Kopf streicht und dreimal sagt: „Armer, schwarzer Kater!" Lacht ein Kind, wird getauscht, und der nächste Kater oder die nächste Katze ist an der Reihe.

Kniffliger Zeitungstanz

„In der Zeitung steht, letzte Nacht wurden außergewöhnlich viele Sternschnuppen über der Stadt beobachtet", erzählt Lauras Vater. Laura lächelt, denn sie hat die Sternschnuppen von ganz nah gesehen. Verteilt an jeden Spieler einen Bogen Zeitungspapier. Solange die Musik spielt, tanzt ihr auf eurer Zeitung, aber Achtung: Ihr dürft nicht über den Rand treten! Jedes Mal, wenn die Musik stoppt, faltet ihr eure Zeitung in der Mitte zusammen und tanzt dann weiter. Wer kann ohne überzutreten auf dem kleinsten Zeitungsstück tanzen?

Welches Märchen ist das, Laura?

Immer wieder muss Lauras Mutter vor dem Einschlafen das gleiche Märchen erzählen. Denn vom Sterntaler kann Laura einfach nie genug bekommen. Bei diesem Spiel könnt ihr herausfinden, wie gut ihr euch mit Märchen auskennt. Findet euch zu zweit oder zu dritt zusammen und sucht euch ein Märchen aus, das ihr nachspielt. Schwierig wird das Märchenspiel, wenn ihr keine Geräusche machen und nicht sprechen dürft. Aber auch wenn ihr euer Märchen mit Tönen spielt, ist es für das Publikum manchmal gar nicht leicht zu erraten, um welches Märchen es sich handelt.

Staffellauf

Dieses Spiel macht am meisten Spaß, wenn ihr viele Kinder seid und mehrere Mannschaften bilden könnt. Bastelt zuerst aus Papprollen die Stäbe für den Staffellauf. Besonders gut eignen sich dafür leere Küchenpapierrollen. Bemalt oder beklebt eure Stäbe in verschiedenen Farben.

Steckt nun die Strecke für den Staffellauf ab. Am Anfang ist es am einfachsten, wenn euer Spielfeld quadratisch ist und ihr mit vier Mannschaften spielt. Markiert alle vier Ecken, zum Beispiel mit kleinen Fähnchen oder Sandeimern. Jede Mannschaft stellt sich in eine Ecke und erhält einen Stab. Nach dem Startsignal geht es los: Im Uhrzeigersinn sprinten die ersten vier Staffelläufer einmal rund um das Feld. Wenn sie ihre Mannschaft erreicht haben, geben sie den Stab an den nächsten Läufer weiter. Es gewinnt die Mannschaft, deren Staffelläufer alle einmal das Feld umrundet haben und zuerst das Ziel erreichen.

Dazu braucht ihr:

- Leere Papprollen
- Farbstifte
- Papier
- Klebstoff
- Schere
- 4 Fähnchen oder Eimer

Die Reise nach Jerusalem

Lost aus, wer von euch die Rolle des Spielleiters übernimmt. Stellt für jedes Kind einen Stuhl auf. Die Stühle stehen mit dem Rücken zueinander. Solange die Musik spielt, lauft ihr um die Stühle herum. Währenddessen nimmt der Spielleiter einen Stuhl weg und unterbricht die Musik. Schnell setzen sich alle Kinder hin.

Der Mitspieler, der keinen Stuhl erwischt, muss ausscheiden. Wer nach allen Spielrunden den letzten verbliebenen Stuhl erobert, hat gewonnen!

Schokolade auspacken

Auf dem Tisch liegen Mütze, Schal, Ohrenschützer, Handschuhe, Messer und Gabel. Außerdem befindet sich dort eine in Zeitungspapier eingewickelte, fest verschnürte Tafel Schokolade. Und um die geht es in diesem Spiel: Legt eine Zahl von Eins bis Sechs fest, bei der ihr versuchen dürft, die Schokolade auszupacken, zum Beispiel die Zahl Fünf.

Jetzt wird reihum gewürfelt. Würfelt ihr die Fünf, zieht ihr euch blitzschnell alle Kleider an und versucht, mit Messer und Gabel die Schokolade auszupacken und zu essen. Viel Zeit habt ihr dafür jedoch nicht, denn währenddessen würfeln eure Mitspieler weiter, und bei der nächsten Fünf muss wieder gewechselt werden!

Dazu braucht ihr:

- Mütze
- Schal
- Ohrenschützer
- Handschuhe
- Messer und Gabel
- 1 Tafel Schokolade
- Zeitungspapier
- Paketband
- 1 Würfel

Flaschendrehen

Setzt euch in einen Kreis und legt eine Flasche in die Mitte. Denkt euch abwechselnd eine Aufgabe aus, zum Beispiel „Erzähl deinen Lieblingswitz", und dreht die Flasche. Das Kind, auf den der Flaschenhals zeigt, führt die Aufgabe aus und denkt sich dann etwas Neues aus. Ihr könnt beim Flaschendrehen auch witzige Fragen stellen, die beantwortet werden sollen. Bei Kindergeburtstagen könnt ihr Flaschendrehen auch so spielen: Das Geburtstagskind packt immer das Geschenk desjenigen Kindes aus, auf das die Flasche zeigt.

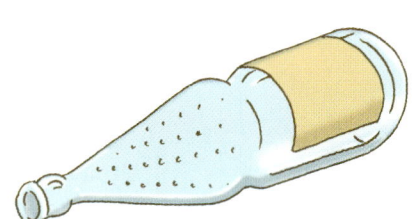

Fischer, Fischer, wie tief ist das Wasser?

Zählt aus, wer zuerst der Fischer ist, und stellt euch in einer Reihe auf. Der Fischer steht mit etwa zehn Meter Abstand vor euch. Nun ruft ihr: „Fischer, Fischer, wie tief ist das Wasser?" Der Fischer antwortet: „Zehn Meter tief." – „Und wie kommen wir hinüber?" – „Ihr könnt das Wasser nur auf einem Bein hüpfend überqueren." Hüpft auf einem Bein über das Spielfeld. Der Fischer versucht nun, euch zu fangen. Jedes Kind, das er berührt, wird zu einem weiteren Fischer. Habt ihr schließlich das andere Ufer erreicht, denken sich die Fischer eine neue Aufgabe für eure nächste Überquerung aus. Wer zuletzt übrig bleibt, darf im nächsten Spiel der neue Fischer sein.

Luftballon-Tanz mit Laura und Max

Laura und Max tanzen auf Lauras Dachterrasse den Luftballon-Tanz. Sie freuen sich, dass sie jetzt so gute Freunde sind. Wie gut tanzt ihr zu zweit? Bei diesem Spiel könnt ihr es herausfinden! Bildet Paare, stellt euch voreinander auf und haltet mit euren Köpfen einen aufgepusteten Luftballon fest. Dann beginnt die Musik zu spielen und ihr tanzt dazu. Verliert ihr beim Tanzen euren Ballon, scheidet ihr aus. Je schneller die Musik wird, desto schneller müsst ihr tanzen. Wer den Ballon am längsten halten kann, gewinnt den Luftballon-Tanz.

Auf Schatzsuche

Teilt euch in zwei Gruppen auf. Die eine Gruppe versteckt einen Schatz und markiert mit Pfeilen den Weg zur Schatzkiste. Statt Kreidepfeilen könnt ihr auch Bänder aus Krepppapier an Bäume oder Zäune binden. Vergesst jedoch nicht, die Bänder nach dem Spiel wieder einzusammeln! Haben eure Mitspieler den Schatz gehoben, wird getauscht, und ihr dürft euch auf die Schatzsuche begeben.

Dazu braucht ihr:

- Kreide
- Krepppapier
- Für jede Gruppe einen Schatz
  Ab 4 bis 6 Spieler

Der Plumpsack geht um

Setzt euch in einen Kreis. Ein Kind geht außen herum und lässt heimlich ein Taschentuch hinter euren Rücken fallen. Sobald ihr das Tuch bemerkt, springt ihr auf und versucht, den Tuchwerfer zu fangen. Doch dieser läuft so schnell es geht im Kreis herum, bis er sich auf den frei gewordenen Platz setzen kann. Gelingt das, seid ihr der neue Plumpsack und müsst um den Kreis wandern.

Laura packt ihren Koffer ...

Laura ist noch nicht glücklich in der neuen Wohnung. Lieber wäre sie jetzt in ihrem alten Zuhause. Sie packt ihren Koffer mit allen Dingen, die ihr wichtig sind. Bei diesem Spiel trainiert ihr euer Gedächtnis. Beginn das Spiel, indem du sagst: „Ich packe meinen Koffer und nehme einen Eisbären mit." Nun ist das nächste Kind an der Reihe: „Ich packe meinen Koffer und nehme einen Eisbären und mein dickes Märchenbuch mit." Reihum packt jedes Kind etwas in seinen Koffer. Je voller euer Koffer wird, desto schwieriger wird es natürlich, sich an alle Dinge daraus zu erinnern. Es gewinnt derjenige mit dem besten Gedächtnis!

Tommys Reisespiel

Laura und Tommy fahren mit ihren Eltern aufs Land. Laura möchte gern noch einmal ihr altes Zuhause besuchen. „Wollen wir nicht etwas spielen?", fragt Tommy unterwegs. „Ich weiß auch schon was!" Achtet auf die Nummernschilder der vorbeifahrenden Autos. Merkt euch eines der Kennzeichen. Nun schlagen alle Reisenden einen Beruf vor, den die Fahrerin oder der Fahrer des Autos ausüben könnten. Zum Beispiel: K-ER = Kapitän eines Raddampfers. Wer erfindet die lustigsten Berufe?

Taler, Taler, du musst wandern von der einen Hand zur andern

Die Kinder bilden einen Kreis. Ein Kind steht in der Mitte und hält eine Münze in den Händen versteckt. Während alle das Lied vom Taler singen, zieht das Kind in der Mitte seine gefalteten Hände reihum durch die halboffen gefalteten Hände der anderen Kinder. Dabei lässt es irgendwann ungesehen die Münze in die Hände eines anderen Kindes fallen. Ist das Lied zu Ende, wird mit einem Abzählvers ein Kind ermittelt, das raten muss, in wessen Händen sich die Münze befindet. Rät es falsch, so muss es selbst in die Mitte; rät es richtig, so muss das Kind in der Mitte eine weitere Runde dort bleiben.

Ich sehe was, was ...

„Laura, ich sehe etwas, das gelb ist und ganz hell leuchtet", ruft Tommy. „Weißt du, was es ist?"

Für dieses Spiel braucht ihr eine gute Kombinationsgabe. Ein Kind beginnt und sagt: „Ich sehe was, was du nicht siehst, und das ist blau ..." Die übrigen Mitspieler sehen sich genau um und versuchen herauszufinden, welcher Gegenstand gemeint ist. Wer diesen errät, darf als Nächster sagen: „Ich sehe was, was du nicht siehst ..."

Verzwickte Zungenverdreher

Könnt ihr diese Bandwurmsätze dreimal schnell hintereinander richtig aufsagen, ohne euch zu verheddern? Kennt ihr noch mehr Zungenverdreher?

Fischers Fritz fischt frische Fische.

Blaukraut bleibt Blaukraut und Brautkleid bleibt Brautkleid.

Zwischen zwei Zwetschgenzweigen zwitschern zwei Zeisige.

Ja – Nein / Schwarz – Weiß

Bei diesem Spiel stellt ihr eurem Mitspieler viele verrückte Fragen, um ihn dazu zu bringen, folgende Wörter zu sagen: ja, nein, schwarz und weiß. Wie lange schafft er es, diese Worte nicht zu verwenden? Anschließend wird getauscht. Wenn das Spiel noch etwas schwieriger werden soll, könnt ihr es auch auf Zeit spielen. Stellt eine Sanduhr neben euch. Wer schafft es, so lange durchzuhalten, bis der Sand durchgerieselt ist?

Lauras Wortsalat

Laura erzählt dem Stern von ihrem früheren Leben auf dem Land und ihrem Umzug in die große Stadt. Schreibt oder malt einige Worte und Begriffe auf kleine Zettel, zum Beispiel Beschütz-mich-Hund, lachen oder Gespenst. Bestimmt fallen euch viele tolle Worte ein! Faltet die Zettel und legt sie dann in einen Umschlag. Unterwegs zieht ihr abwechselnd drei Worte aus dem Umschlag und erzählt eine kleine Geschichte, in der alle drei Wörter vorkommen. Wenn das nächste Kind an der Reihe ist, könnt ihr die bereits gezogenen Begriffe beiseite lassen oder wieder unter die anderen Zettel mischen.

Dazu braucht ihr:
- Papier
- Stifte
- 1 Briefumschlag

Tommy, was male ich auf deinen Rücken?

Lauras Mutter zeigt ihrer Familie ihren neuen Arbeitsplatz. Auf dem Nachhauseweg spielen Laura und Tommy im Auto ein neues Spiel: Rückenbilder malen. Euer Mitspieler „wischt" die Tafel, indem er über euren Rücken streicht. Dann malt er mit dem Finger einen Gegenstand auf euren Rücken, den ihr erraten sollt. Zum Beispiel einen Kreis oder eine Blume. Ihr könnt auch Zahlen oder Buchstaben aufmalen. Wenn ihr erratet, was auf eurem Rücken steht, wird getauscht, und ihr könnt euch ein neues Bild ausdenken.

Schattenbilder in Lauras Zimmer

Langsam wird es draußen dunkel. Lauras Stern leuchtet und Laura zaubert für Tommy Schattenbilder an die Zimmerwand. Leuchtet mit einer Lampe eine helle Wand an. Mit euren Händen könnt ihr nun verschiedene Figuren an die Wand „malen". Vielleicht habt ihr sogar Lust, mit anderen Kindern ein Schattentheater aufzuführen? Probiert doch mal diese Tiere aus: Hase, Gans.

Kerze

Könnt ihr eine Kerze machen? Legt euch auf den Rücken und streckt beide Beine in die Luft. Stützt euren Rücken mit beiden Händen. Wackelt mit den Zehenspitzen. Wie lange könnt ihr so bleiben?

Laura zählt Gute-Nacht-Tiere

Laura liegt in ihrem Bett und kann nicht einschlafen. Immer wieder denkt sie an ihren Stern. Ob es ihm wohl gut geht? Wenn ihr abends nicht einschlafen könnt, könnt ihr Gute-Nacht-Tiere zählen. Legt euch gemütlich hin und schließt die Augen. Stellt euch einen Zaun vor oder einen Hügel und dazu euer Lieblingstier. Ist das vielleicht ein Elefant?

Jetzt stellt ihr euch vor, wie der erste Elefant über den Zaun springt, dicht gefolgt vom zweiten Elefanten. Seht euch jeden Elefanten genau an: Manche hüpfen elegant über den Zaun, andere gehen um ihn herum oder machen einen riesengroßen Satz hinüber. Könnt ihr euch am nächsten Morgen erinnern, wie viele Elefanten ihr gezählt habt?

Wolkenbilder beobachten

Laura und Tommy liegen auf der Wiese im Park und sehen den Wolken nach, die langsam an ihnen vorüberziehen. Wenn es im Sommer länger hell ist, könnt ihr euch vor dem Einschlafen ins Gras legen oder ans Fenster stellen und die Wolkenbilder betrachten. Was erkennt ihr darin? Ein Märchenschloss vielleicht? Oder euer Lieblingskuscheltier?

Mikado

Am Abend putzt Laura sich die Zähne. Plötzlich stürmt Tommy ins Badezimmer. „Laura, ich habe mein Mikadospiel wiedergefunden. Spielst du vor dem Schlafengehen noch mit mir?" Mikadostäbe könnt ihr euch auch ganz leicht selber machen: Nehmt Schaschlikspieße und bemalt sie in verschiedenen Farben. Dann kann das Spiel beginnen: Fasst alle Mikadostäbe zusammen und lasst sie locker auseinander fallen.

Nacheinander versucht ihr nun, möglichst viele Spieße zu ziehen. Wackelt dabei ein anderer Mikadostab, kommt euer Mitspieler an die Reihe. Gewonnen hat derjenige mit den meisten Stäben.

Dazu braucht ihr:
- Schaschlikspieße
- Farbstifte

Sternen-Puzzle

Puzzelt ihr gerne? Dann könnt ihr euch auch einmal ein Puzzle selbst machen. Dafür braucht ihr Farbstifte, festes Tonpapier und eine Schere. Jeder Spieler malt ein Bild auf Tonpapier auf und schneidet es in unterschiedlich große Puzzleteile. Legt euer Puzzle in einen Briefumschlag und tauscht untereinander. Wer hat das neue Bild zuerst fertig gepuzzelt?

Dazu braucht ihr:

- Festes Tonpapier
- Farbstifte
- Schere
- Briefumschläge

Zahlentiere

Malt auf Packpapier ein großes Tier auf und unterteilt es in verschiedene Felder. Schreibt in jedes Feld eine Zahl von 1 bis 6. Ihr könnt auch viele kleine Tiere aufzeichnen und jedem Tier eine andere Zahl geben. Dann würfelt ihr nacheinander und malt eines der Tiere oder Felder an, deren Zahl der Würfel zeigt. Am Ende habt ihr ein tolles Bild, das alle Spieler zusammen gemalt haben.

Dazu braucht ihr:

- Buntstifte
- Packpapier
- Würfel

Stille Post

Setzt euch in einen Kreis. Denk dir eine Botschaft aus und flüstere sie deinem Nachbarn zu. Dein Nachbar gibt sie weiter, und so wandert die Nachricht von Kind zu Kind, bis sie schließlich wieder bei dir eintrifft. Jetzt könnt ihr vergleichen, wie sehr sich der Text verändert hat. Meistens kommt nämlich am Ende etwas ganz anderes heraus, als am Anfang gesagt wurde!

Schatz-Kammer

Bei diesem Spiel geht es darum, möglichst viele zusammengesetzte Begriffe zu bilden. Überlegt euch einen Begriff, zum Beispiel Park-Haus. Nun versucht euer Mitspieler, ein neues Wort zu finden, das aus dem zweiten Wortteil gebildet wird: Haus-Tür. Der nächste Spieler macht weiter mit Tür-Schloss. Wie viele Begriffe fallen euch ein?

Traumspiel

Legt euch bequem hin und schließt die Augen. Nennt einen Begriff, zum Beispiel Wald. Eure Mitspieler stellen sich nun einen Wald vor und zählen auf, was sie darin sehen: Rehe, Bäume, einen großen Stein und einen Fuchs. Ihr könnt euch auch ganz andere Sachen vorstellen, beispielsweise einen Jahrmarkt: Karussell, Zuckerwatte, Geisterbahn und Riesenrad. Was gibt es noch alles auf eurem Jahrmarkt?

Max Bilderrätsel

Am Abend klettert Max auf Lauras Dachterrasse. Vor dem Schlafengehen möchte er Laura noch ein Rätselspiel zeigen. Auch Tommy kommt dazu und will mitraten. Blättert in den Zeitschriften, Magazinen und Büchern. Ein Spieler beginnt und sucht ein Motiv heraus, das er mit dem Tonpapier zudeckt. Nur eine kleine Ecke wird offen gezeigt. Achtet darauf, dass eure Mitspieler nicht sehen, welchen Gegenstand oder welches Tier ihr herausgesucht habt. Nun raten die anderen Spieler, was verdeckt wird. Stück für Stück zeigt ihr immer mehr von eurem Gegenstand, bis ihn der erste Mitspieler errät.